Versos Corrientes

Versos Corrientes

Fernando Efepe

Círculo Rojo
EDITORIAL

Primera edición: septiembre 2024

Depósito legal: AL 2401-2024

ISBN: 978-84-1082-558-1

Impresión y encuadernación: Editorial Círculo Rojo

© Del texto: Fernando Efepe
© Maquetación y diseño: Equipo de Editorial Círculo Rojo

Editorial Círculo Rojo
www.editorialcirculorojo.com
info@editorialcirculorojo.com

Impreso en España — Printed in Spain

El papel utilizado para imprimir este libro es 100% libre de cloro y por tanto, **ecológico**.

SOBRE LA BLANCA NIEVE

En las más altas cumbres
donde el invierno anida,
donde el silencio fluye
y el viento lo marchita,
donde florecen nubes
y el frío es una espiga,
allí donde se enredan
las noches con los días…,
sobre la blanca nieve
mi corazón palpita.

VERSOS Y LUCES

¿Se apagarán los versos
cuando se acabe el día?

LO QUE DICE UNA MIRADA

Ya no sabemos ver
lo que dice una mirada,
ni sentir en su brillo
a aquel que habita al pairo
de unos ojos sin rostro;
ni percibir en ella
siquiera un rastro humano
de calor inherente,
ni un pálpito cercano,
ni esa expresión ausente
que acumula tristezas,
ni siquiera un vestigio
de sonrisa eclipsada…

Si observamos dos ojos
a una cierta distancia,
no sabemos si callan
o nos gritan a gritos.
Solo vemos dos puntos
muy oscuros y fijos.

CON MÁS GANAS!

Cuando observas la vejez
en las personas que te son cercanas
y aprendes a reconocer sus síntomas…,
si después llama a tu puerta,
solo te queda saber sobrellevarla
o aceptar las limitaciones que conlleva
y disfrutar del resto de tus días
con más ganas si cabe todavía.

CASCADA

Bordeando un hayedo
de centenarias hayas
serpentea el sendero
sobre una alfombra herbácea.
Circunda la ladera
al pie de la montaña;
parece solazarse
sobre su curva espalda.

Conforme vas andando,
sordo, un rumor estalla.
Rasgando su silencio
se anuncia en la distancia.
Mas doblando un recodo
sobre una peña se alza,
oculto entre las sombras,
el manantial del agua.

Del vientre de la Tierra,
surcando sus entrañas,
emerge a borbotones
con líquida constancia.

Nerviosa y cristalina,
modela a dentelladas
un cuenco en roca pétrea

con sus manos heladas;
después, se precipita
fluyendo a carcajadas
y derrama entre piedras
su cabellera blanca.

Su alma de cascada
escancia la alegría
burbujeando espuma
e irriga con mil gotas
refrescantes, perladas,
su más cercano entorno
de húmeda fragancia.

A veces se le escapa
un tímido arcoíris
como un puente de ensueño
a orillas de sus aguas
que corren monte abajo
para después perderse
alborotando el valle
con amplias risotadas
como ágil torbellino
que explora la hondonada.

¡Qué hermoso es el paraje
que alberga la cascada!

CARONTE

Tras arribar a la estación,
se apean los pasajeros
somnolientos, confundidos,
desorientados, perplejos
ante el inhóspito paisaje
que se ofrece a su vista
junto a la gravedad de su silencio;
sin ser conscientes ni imaginar
que, con el cambio climático,
la laguna Estigia se desecó
transformada en desierto,
que Caronte se ha adaptado
a los nuevos tiempos
y que, por efecto de la inflación,
acaban de descontarles de sus cuentas
el importe de un óbolo y medio.

ENTREABRIR UNA PUERTA

El silencio es una puerta
que entreabre los sentidos
y te descubre un mundo
de nuevas sensaciones,
vagamente olvidado
y nunca imaginado.

EMIGRANTES

Huyen de la miseria
con sus ojos oscuros,
emigrantes del hambre
sin hogar y sin patria,
nómadas migratorios
de bajas latitudes.

No conocen fronteras,
solo buscan futuro
y nada los detiene,
ni las vallas, ni muros,
ni el frío, ni las armas;
no los asusta el fuego
ni ese mar proceloso
que devora pateras.

Cuando llegan, si llegan…,
traen las manos vacías
y un dolor en el alma
y en su mirada triste.

POLIÉDRICOS

Los humanos somos, evidentemente,
seres poliédricos, polifacéticos,
conformados por un indeterminado
número de caras y facetas
que nos definen y explican
en un espacio de volumen finito.
Como sucede con las figuras geométricas,
es posible clasificarnos
en diversas categorías:
desde los sencillos, regulares,
a los complicados, obtusos
y profusamente irregulares;
o los que desarrollan esquemas repetitivos
con multitud de teselas coloridas
y estructuran mosaicos tridimensionales,
incluso fractales de una complejidad abstracta.
Estos condicionantes nos hacen parecer,
en muchas ocasiones, incomprensibles,
enigmáticos,
pues todo puede explicarse
según el prisma o cristal con que se mire.

Si profundizamos en su estudio,
podemos establecer que el ser humano,
en la búsqueda de su identidad,
abriga una tendencia inequívoca

de desarrollarse hacia los extremos:
por una parte, a la multiplicación infinita
de sus caras/aspectos/teselas
con cierta propensión a la figura
de un círculo perfecto,
o a una reducción minimalista
con simplificación dimensional al uno.
En ambos casos nos encaminamos
a un tránsito hacia el ente perfecto:
«Uno», «Círculo»,
«Dios».

OMBÚ, BELLASOMBRA

Phytolacca dioica.
Hierba ancestral, arborescente,
oráculo antediluviano,
testigo inmemorial de arcanos tiempos,
planta herbácea, cuerpo de árbol,
tronco de consistencia fibrosa
que suena a hueco y agua.

Tu osamenta no es madera,
pues es esponjosa y blanda,
ni tienes anillos ciertos
que cuenten tus primaveras,
por eso, tal vez, dudemos
si eres árbol o eres hierba.

De porte recio y robusto,
causas, sin duda, sorpresa
por tu rugosa corteza
y por esa base amplia
ensamblada a unas raíces
que parece se te escapan;
raíces superficiales
que crecen y que se abrazan
al pie de tu grueso tronco
semejando una peana.

Ombú, guaraní tu nombre,
alma de estirpe llanera,
al sur de América austral
tienes tu propia leyenda.
Tus flores son farolillos
las noches de luna llena
y tus frutos son racimos
de bayas amarillentas.

Bartolomé Mitra fue,
hombre ilustre y buen poeta,
quien te glosó en unos versos
con su pluma más certera
descansando en tu regazo
bajo tu copa tan densa.
Árbol cuya vista asombra,
que al caminante das sombra
sin dar al rancho madera
ni al fuego una astilla sola.

Ombú, Bellasombra,
Árbol de la Bella Sombra,
algún soñador romántico
te bautizó a su manera
recreando en una imagen
dos ideas: sombra y bella,
sin comprender, al hacerlo,
que el nombre tuyo ya era.

¡Cuánta hermosura en un nombre!
¡Cuánto esplendor y belleza!
¡No me importa si eres árbol
o una hierba zalamera!

Y DE...

50 años junto a mi compañera
y, últimamente, no recuerdo su nombre
ni esos ojos oscuros
que hoy me están observando
con su mirada dulce y un poso de tristeza;
y no sé qué decirle
ni siquiera cuando acerca su mano
y me acaricia.

Observo que hay momentos
en que el mundo
parece olvidarse de mí
y yo del mundo.
Momentos en que el tiempo
simula detenerse
y, en esa confusión y aturdimiento,
me olvido del día y de la lluvia,
de los años vividos,
de quién soy,
de lo que digo o hago.

El río no fluye, se detiene,
la corriente se estanca
y el silencio me engulle
sin que encuentre resquicio
para huir de sus garras;

y me olvido de ti,
de tus palabras,
de todas tus sonrisas,
de tus besos,
de la vida a tu lado,
de la belleza innata
de tu rostro atezado,
de mí y de nuestros sueños,
del ahora, de este fugaz instante,
de ciertas cosas que creí que pensaba…
y de pensar,
y de vivir,
y de…
y de…
y…
…

¡NOTICIA!

El periodismo actual
persigue la primicia,
el golpe de efecto rimbombante,
el sensacionalismo vulgar y burdo
de la imaginación subliminal.
Guerra, epidemia, hambre,
emigración, volcán, terremotos
desatan la noticia,
el foco mediático,
la atención desbocada.

Los noticiarios abrirán diariamente
con imágenes espeluznantes;
los diarios, con primeras portadas
a todo color, desgarradoras.
Durante largas semanas,
eminentes contertulios
disertarán sin pausa, con brillantez,
sobre sus causas, orígenes
y consecuencias varias
para, finalmente,
no ponerse de acuerdo en casi nada.

Pero las noticias se suceden
una tras otra, indefectiblemente,
y una tras otra se consumen en el tedio

hasta caer en el olvido y el silencio.
Y a nadie le importa ya
si en la guerra masacraron civiles,
si la epidemia ocasionó la muerte
de millares de ancianos,
si el hambre se desató
en el cuerno de África,
si los emigrantes se ahogan en el mar
abandonados a su suerte
sin compasión ni auxilio,
si el volcán erupcionó más virulentamente
asolando viviendas y cultivos
y sumiendo en la miseria a los nativos,
si el terremoto destruyó en pocos segundos
ciudades y comarcas enteras...

Si los muertos se mueren, ni se inmutan...
El hastío es la antesala del infierno,
pues el tiempo, en su rutina diaria,
va acallando conciencias sin saberlo.

¡HOLA!

Ola que dices: «¡Hola!»,
¿de dónde vienes
con rumor cristalino
de cascabeles
y esa espuma salada
de flor de nieve
o el acento marino
que tu voz tiene?

Ola que dices: «¡Hola!»
y a mis pies mueres.

¡ADELANTE!

Los caminos de la vida
no se sabe dónde van,
si se empinan cuesta arriba
o, más tarde, han de bajar.

Sendas, cruces y desvíos
quieren hacernos dudar
si arriesgarnos a seguirlos
o sentarnos a esperar.

Siempre, siempre hacia adelante,
nunca miremos atrás.
Sin temor a arrepentirnos
debemos continuar.

EL PUENTE

Al contemplar el viejo puente
desde un mojón cercano
resaltaban, sin duda,
la hermosa arquitectura
de su piedra labrada
y el equilibrio grácil
del arco de medio punto.

Cabría preguntarse
si, al devenir del tiempo,
aquel vetusto puente
unía dos orillas
o separaba valles,
si marcaba una frontera
o establecía vínculos,
si era de origen románico
o, tal vez, medieval…

Pero, sobremanera,
su presencia invitaba
a disfrutar con deleite
del bello paraje
donde estaba ubicado,
de la naturaleza agreste,
silvestre y montaraz
de su entorno inmediato,

de los destellos de agua
y el rumoroso canto
del río de montaña
que, bajo él, discurría.

ENTRE SUEÑOS

Entre sueños oí
un melodioso canto,
pero no era tu voz
y me quedé dormido.

Apenas desperté,
se te escapó un suspiro
y, embriagado de amor,
me acurruqué contigo.

PISADAS

Fui olvidando pisadas en la arena
que el agua, tras mis pasos, recogía;
llegaba de improviso a mi costado
batiendo hasta mis pies su lengua fría.

Ruidoso y lenguaraz se me acercaba
con olas que, al llegar, se arrepentían
calmando, en su fragor, mi triste alma
que el eco de su voz adormecía.

MIMETISMO

En el reino animal
determinadas especies
han logrado desarrollar,
en su proceso evolutivo,
ciertas habilidades
que denominamos «mimetismo»
y les permiten transformar su apariencia
para pasar inadvertidos en su entorno
o imitar el aspecto de otras,
potencialmente más peligrosas,
en olor, color o sonido
como táctica de supervivencia.

Del mismo modo,
en la sociedad humana
podemos detectar ciertos individuos
con capacidades igualmente miméticas
para pasar desapercibidos.
En su hábitat social
se muestran cohibidos,
no expresan su opinión,
ni son huraños,
ni dicen «sí», ni «no»,
ni lo contrario.

HOGUERA

Chisporrotean fieras
las llamas de la hoguera
con ese fuego ardiente
que inflama su belleza.

Escupen ígneas chispas
con ruda virulencia
que escapan de sus garras
prendidas de inocencia;

en medio de la noche
parecen ser cometas.
Se apagan lentamente
al ritmo que se alejan.

Si el tiempo se consume,
se consume la hoguera;
crepitan sus rescoldos
suspiros de madera.

No todo son cenizas,
ni sueños, ni certezas…
Si las brasas se apagan,
se encienden las estrellas.

IDONEIDAD

Nos
conocimos
en
el
momento
idóneo;
cuando yo
te buscaba
y
cuando tú
me encontraste.

NUDOS

Rezuma en su mirada
un halo de tristeza,
pues presiente que nadie
pudiera comprenderla
ni desatar el nudo
que estrangula sus penas.

CITA A CIEGAS

Cada cierto tiempo,
estimo aconsejable
quedar con uno mismo
en una cita a ciegas
y, en un rincón tranquilo,
en solemne silencio,
pasar unos momentos
frente a un espejo honesto
mirándote a los ojos.

UNA CERTEZA

Una duda suscita más dudas,
una decisión conduce a otra,
un sendero se enlaza con más sendas,
todo va sucediéndose como los mismos días
y, al final, sin saber muy bien cómo,
ahí te encuentras,
al borde del camino,
con más años a cuestas,
quizás las mismas dudas
y solo una certeza
que te va consumiendo.

ESTUPIDEZ

Resulta inevitable contagiarse
de la estupidez humana,
un virus altamente infectivo
para el que no se conoce
vacunación posible
y ante el que nuestras defensas
no generan anticuerpos efectivos.
Este genomavirus humano,
con sus distintas cepas y variantes,
ocasiona deterioros cognitivos
que afectan a ciertas áreas cerebrales
relacionadas con la sociabilidad
y alteran el comportamiento humano.

Se manifiesta y exterioriza,
no como individuo,
sino en el entorno
de un grupo social,
como si, al alcanzar
un punto de masa crítica,
desencadenara una reacción autoinmune
con alta febrícula identitaria
y sarpullido insolidario
que amenaza y ataca
todo proyecto colaborativo,
de visión global o evolutivo

y exacerba la disidencia,
la confrontación, el extremismo;
hasta alcanzar un agresivo tono
de supremacismo cultural,
étnico, biológico, religioso, social
contra otros colectivos,
organismos, tribus, naciones…
e imposibilitando alcanzar acuerdos
para el logro de un beneficio común,
o un futuro como sociedad,
y poniendo en riesgo extremo
la supervivencia como especie.

EN NOCHES SOLITARIAS

Si en un largo poema
encontrara dos versos
o siquiera uno solo
de singular belleza
que, en mi ser, provocaran
una sonrisa cómplice,
un vibrante destello,
una imagen idílica
o un febril sentimiento
palpitando en mi pecho…

En algún recoveco
de mi confusa mente
quisiera preservarlos,
memorizar al tacto
palabra por palabra
como una melodía
de precisos compases,
para así declamarlos
con lenta parsimonia
cuando el silencio cruje
y el sueño no te alcanza,
en esas horas rancias
cuando más te intimidan
las noches solitarias.

TURBULENCIAS

Es muy raro, en la vida,
no sufrir turbulencias
de esas que, en pleno vuelo,
te hacen perder aplomo;
corrientes de aire, bolsas
de agitación extrema
y confuso desorden,
con su panel de nubes
verticales y oscuras,
cumulonimbos densos
de nubes cenicientas
que esgrimen tempestades.

Pero, ganando altura,
el sol brilla con fuerza
y atrás queda el espanto,
el miedo y la tormenta.

TORMENTA

Si en una noche oscura
se incendiara algún verso
e iluminara el cielo
con un rayo nocturno
que atraviesa tu cuerpo
como un escalofrío…
y una voz de tormenta
recitara entre truenos,
con fuerza aterradora,
la cólera del Cielo…

¡Cómo quisiera, entonces,
guarecerme en tus brazos
y escuchar cómo llueve
mirándote a los ojos!

ESDRÚJULAS

Qué conmoción provocan
las palabras esdrújulas
si las encuentras juntas
de sopetón, ¡zas!,
en mitad de una frase;
con su acento prosódico
y su tilde ortográfica
de antepenúltima sílaba
como su regla básica.

¡Cuánta fuerza expresiva
contenida en un cántico!
Con su énfasis tónico,
enérgico y catártico,
bajo el efecto escénico
de ángeles agnósticos
en caótico éxtasis
de páginas intrépidas
y crónicas anónimas.

Ser un náufrago prófugo
del océano Índico
con el ánimo afónico
y pusilánime hábito,
un indígena exótico
o un acólito pérfido

de sórdida impostura,
el círculo concéntrico
del cósmico Universo,
un satélite anónimo,
una fábula mística,
un vínculo emblemático,
la piedra filosófica
con su antítesis ética
y su cúspide etérea,
eufórica y utópica,
un único espectáculo,
una sílaba insípida,
un ósculo sinfónico
de acústica inarmónica
o la mítica lírica
de algún pájaro errático
con sus lúdicas ínfulas
de efímeros crepúsculos,
una ráfaga lánguida
de lúcidos relámpagos,
de lúgubres luciérnagas
y frágiles propósitos,
metáfora simbólica
de una lágrima trémula
sobre el húmedo párpado
de un espíritu indómito,
lámpara, tal vez, oráculo
de imágenes proféticas,
epílogo del prólogo.

Coleccionar esdrújulas
se torna apoteósico,
un ejercicio insólito
de música operística;
por eso me seduce
bajo la luna ingrávida
de esta mágica noche,
y en un momento álgido
de íntima semántica
e inequívoca épica,
sin práctica poética,
superar el obstáculo
de escribir algún verso,
inédito y bucólico,
con la palabra «esdrújula»;
mas no encuentro más rima
que esta rústica brújula.

BLANCO Y NEGRO

En la oscuridad,
acostado en la cama
con los ojos abiertos;
un remanso de paz,
solo el silencio y tú,
la mente en blanco…
            y negro.

TRAS LAS CORTINAS

Llueve dentro de mí,
llueve pausadamente,
llueve con devoción,
desaliñadamente;
llueve fina llovizna,
tenaz y transparente
que parece no moja,
pero cala los huesos.

Llueve con tenue voz
de triste sinfonía,
lluvia de refilón
que incide de costado,
oblicuamente,
a contraluz y esquiva,
con fingido desdén.
Llueve entre líneas.

Y yo observo llover
tras las cortinas.

JARDÍN RETÓRICO

En el jardín de la retórica
puedes decir lo mismo
con distintas palabras,
expresar lo contrario
en idénticos términos
o atemperar tus sueños
con vistosos colores
y falaces promesas.

Más allá de esos muros
de oscura verborrea
sobreviven, intactos,
la sinceridad, el silencio,
la virtud campechana
y el brillo que destella
en tu frágil mirada.

COTIDIANIDAD

En la vida cotidiana
la poesía puede pasar
fácilmente desapercibida,
pero se encuentra ahí,
junto a sus versos,
en la íntima esencia
que lo define todo
o en el breve destello
que refulge en tus ojos.

ERRANTE

Vagar por el mundo, sin rumbo,
es el sueño que siempre soñé
persiguiendo una estrella del cielo
que, en las noches nubladas, no ves.

HAIKÚS

(Haikús, composición poética de Japón que consta de tres versos de cinco, siete y cinco sílabas respectivamente)

Suena la flauta,
el viento se estremece,
sopla y se calla.

En mi cabeza.
Crujen los sueños rotos
con las certezas.

Ruido de pasos:
soledad y tristeza
juntan sus manos.

Suenan campanas.
Repican en la noche.
Sordas, lejanas.

Fluye la savia.
Entre las altas ramas
el árbol te habla.

Huérfana y pobre.
Destino y desatino
no tienen nombre.

Horas vacías,
carentes de consciencia.
Vida sin vida.

Día lluvioso.
Mece el viento las hojas.
Habla el otoño.

ESOS VIEJOS TAN JÓVENES

Admiro la pasión
de esos ancianos lúcidos
que de viejos no tienen
más que los años sabios
que cargan a la espalda
y que viven sus vidas
con total entusiasmo
desde el momento mismo
en que despunta el alba
hasta caer la noche
en un claro derroche
de tesón incansable.

Se les pasan las horas,
los días, las semanas
sin casi darse cuenta.
Siempre con sus tareas
pendientes entre manos:
cultivar una huerta,
mecánica, jardinería
u otras actividades
solidarias, deportivas,
culturales, sociales…

Esos viejos tan jóvenes,
inmunes al cansancio,
a las dolencias y al hastío,
al desaliento y a la pena,
pudieron jubilarse del trabajo,
pero no de la vida.
Si los tienes enfrente
con la sonrisa puesta
te contagian, incluso,
sus ganas de vivir
y su locura.

Esos viejos joviales,
cuya edad no se acierta
a vislumbrar siquiera
sin riesgo a equivocarnos
ni en su piel, ni en su rostro,
ni en la actitud o el gesto,
pues como afirman ellos,
cuando se les inquiere
al respecto:
—Si te afanas en vivir,
con tanto que aprender,
apenas queda tiempo
ni para envejecer.

EN VERSO

El ritmo, la sonoridad
y la palabra
fundiéndose en un eco
que traspasa fronteras
hace temblar en verso
tu piel entumecida
con la expresión escrita
de un sentimiento intenso
que te embarga el espíritu.

BIG BANG THEORY

Nacidos de la Nada,
de la Oscuridad
y del Silencio.
Somos hebras de luz,
tenue sonido,
un estallido súbito
que, apenas reverbera,
se consume en el tiempo
con brevedad insólita
y regresa a su origen:
a la negra oscuridad
y a su silencio.

CREDO

Yo no creo en Dios Padre,
Creador de la Nada
que somete a sus hijos
con la Cruz y la Espada.

Ni creo en un Dios Justo
de poderosa estampa
que promete los cielos
y te vuelve la espalda.

Ni en su Espíritu Santo
que reside en el alma
y equivoca a los hombres
con sus vanas palabras.

Y no creo en la Iglesia
ni en su Biblia Sagrada
que, ante tanta injusticia,
se acoquinan y callan.

¿Dónde están cuando lloran
esos pobres de rabia,
de dolor y de pena
porque no tienen nada?

Solo creo en el hombre
cuando, humilde, trabaja,
cuando ayuda a su hermano,
lo consuela y lo abraza.

ÁNGELES CAÍDOS

Expulsados del cielo,
los Ángeles Caídos
caminan con nosotros.
Privados de sus alas
y antiguos privilegios,
deambulan las calles
con la mirada baja,
solicitan limosna
y se ven despreciados
por sus propios hermanos
que, con burda desidia,
pretenden ignorarlos.

Desconocen la causa
de esta injusta ignominia;
qué afrenta o desacato
les habrán imputado,
pues, en juicio sumario
y a la usanza divina,
los Hijos de la Tierra
los han desheredado.

CABALGAR LA NOCHE

No descarto, este invierno
de frío sin costuras
y soledad postrada,
recostarme al abrigo
del calor y la llama
de los años vividos,
entrecerrar los ojos
o cabalgar la noche
a lomos de algún libro
de aguerrida portada.

SOÑANDO PRIMAVERAS

He pasado los años
contando amaneceres
y desnudando noches.
Sobreviví a la vida
soñando primaveras
y desvistiendo otoños,
pero llegó este invierno,
nublado de silencios,
y me ha quebrado el alma
con este frío artero
que me cruje en los huesos.

EN MIS CENIZAS

En mis cenizas
quiero ser
abono de raíces,
sustrato polvoriento,
tierra virgen,
mineral alimento
de árboles sin nombre;
extracto de la lluvia,
savia bruta,
vigorosa pulsión,
vital nutriente…

Quiero ascender, grácil,
por sus vasos leñosos,
rama a rama,
hasta alcanzar su copa
de radiante energía
y, arraigado en su altura,
observar en silencio
el bosque que se esconde
detrás de cada árbol.

Y TODOS SON MIS HERMANOS

No me cuenten sus monsergas
de políticos frustrados,
sus rencillas de odio y sangre
y sus lóbregos presagios.

Ni me insistan en que sueñe
con paraísos dorados,
con sus estirpes divinas
ni con sus Dioses sagrados.

No resalten diferencias
con mis vecinos de al lado
ni que hablemos otra lengua
ni el color de nuestras manos.

No tengo raza ni pueblo,
solo tengo mi trabajo
y no quiero más fronteras
que se cierren a mi paso.

Yo no concibo otra patria
que este sentimiento humano,
el murmullo de las aguas
y el silencio de los campos.

No salpiquen mi conciencia
con sus mentiras de barro,
yo no ansío las riquezas;
soy humilde y provinciano.

Ni pretendan abrigarme
con sus banderas y trapos.
¡Yo he nacido en esta Tierra!
¡Y todos son mis hermanos!

UNA LUZ TRANSGRESORA

Pude intuir su ánimo
de desordenar mi vida
nada más conocerla.
Se afanó con premura
en quebrar mis prejuicios,
mis rutinas, mis dudas,
mis temores más íntimos;
en romper las cadenas
que me anclaban al suelo,
desempolvando en mí
sentimientos contradictorios
que jamás imaginé
pudiera en mí albergar.

En la voz encendida
de sus versos fluía
una luz transgresora,
un soplo de frescura,
un incipiente anhelo,
una emoción pletórica
de energía vital
y de alegría.

Para mí que, hasta entonces,
cual títere de trapo,
perpetraba la vida
con nocturnidad y alevosía,
supuso un resurgimiento,
una revelación lúcida,
un rayo de esperanza
que logró encandilarme
con sus vistosas rimas
y su desnudo verbo.

CLAROSCUROS

Al igual que esas hojas amarillas,
caídas al rebufo del otoño,
arremolinadas y dispersas
en los lindes de sendas solitarias,
se esparcen a mis pies
recuerdos del pasado;
retazos de una vida
que va descomponiéndose
en restos putrefactos
y, en lenta decadencia,
bajo un flujo alarmante
de ausencia y desmemoria,
sus tonos claroscuros
despojan a mi mente
de consciencia y futuro.

ABRAZAR ÁRBOLES

De venas vegetales
me viene la querencia
de abrazar a los árboles,
de palpar con mis manos
su tacto de madera
y su pulso turgente,
de escuchar cómo late,
en su corteza interna,
la voz de sus raíces
socavando la tierra
en búsqueda de arraigo
y líquido sustento.

Si abrazas algún árbol,
deja que en ti se exprese,
que resuene en tu pecho
su quietud sigilosa,
su armonía apacible,
que arrulle tus sentidos
con los susurros trémulos
que abanican sus hojas
o las calladas voces
de sus vibrantes ramas
tarareando al viento
su canto de esperanza.

Al abrazar un árbol
puedes sentir su fuerza,
su aplomo sin fisuras,
el eco milenario
de su ancestral pasado,
su sabiduría innata,
su entrañable presencia;
puedes sentir que te habla,
te envuelve en su franqueza
y se hermana contigo
haciéndote partícipe
de su bosque infinito.

Si en tu camino diario
encuentras algún árbol,
no olvides abrazarlo.

SI VAS O VIENES

No es muy aconsejable
salir a despejarte
en los días ventosos.
El viento puede ser
juguetón y zalamero
y si arrecia enrachado,
incluso traicionero,
soplando de costado
a sotavento;
te zarandea sin tapujos,
te nubla el juicio,
te obnubila la mente,
te embota los sentidos,
confunde tu visión
con tanto remolino;
te desorienta, te desvía,
te extravía;
te vuelve del revés
entre bandazos;
sus rachas de desdén
y sus vaivenes
te hacen cambiar el paso
y ya no sabes bien
si vas o vienes.

ARCE SICÓMORO

En el pasaje de algún libro
recuerdo haber leído,
en mi lejana juventud,
una alusión gozosa
al alivio que ofrece
descansar a la sombra
de un árbol sicómoro.
No recuerdo su título,
ni siquiera el autor,
pero ese nombre peculiar
se grabó en mi memoria.
Averigüé, después, que,
con el mismo sobrenombre,
se conocían dos especies diferentes:
el sicómoro (ficus) y el arce sicómoro,
pero nunca supe a cuál hacía referencia
el citado relato.

Curiosamente, pasados los años,
en la calle peatonal en que resido
están plantados seis arces sicómoros.
Desde el balcón de mi quinto piso,
como un vigía, observo
las huellas que las estaciones
van perfilando en ellos.

Ya avanzaba noviembre
sin apreciar los signos de un otoño
que se antojaba remolón y tardío,
hasta que en la última semana
sus copas y follaje van amarilleando,
se han tintado sus hojas
en la escala cromática
del verde a un amarillo intenso,
auspiciando los ocres y pardos;
además, con la lluvia,
las que han caído al suelo
aparecen dispersas,
empapadas y húmedas,
otorgando a mi vista
una bella estampa otoñal.
Se nota el esmero
con que la tenaz naturaleza
retoca cada uno de ellos
a un ritmo diferente;
a alguno comienza a cincelarle
su desnudo ramaje,
mientras otros, sin embargo,
resisten impertérritos.

Y, desde arriba,
desde mi atalaya,
con placer indisimulado,
atento a cada variación,
entre la nostalgia del pasado,
el recuerdo y el devenir presente,
una sonrisa aflora entre mis labios.

DESGARRO

Un pincel,
una flor,
un latido,
tu voz;
un aroma,
un color,
un dibujo,
un rumor,
un poema,
tu adiós.

ME SONRÍE Y SE VA

Es en esos momentos
en que me encuentro solo
cuando extiende sus alas,
sobre mí, la tristeza;
me acompaña en silencio
con cálida nostalgia
y, si me pongo lírico,
solícita y afable,
ella escucha mis versos,
me sonríe y se va.

EN LOS JARDINES DE MI MEMORIA

En los jardines de mi memoria
aún sobreviven tres tristes rosas.

En sus bancales ya no florecen
blancos jacintos, rojos claveles,
y los efluvios de sus fragancias
evocan ecos de mi nostalgia.

Mustios jazmines y siemprevivas,
violetas, begonias y campanillas,
narcisos, malvas con crisantemos,
orquídeas, lirios y pensamientos…

Se me adormecen las margaritas,
los girasoles, secos, se inclinan,
los pensamientos penan, marchitos,
las nomeolvides ya ni las cito.

Con tantas flores que cultivaba
en los jardines de mi ignorancia
y de sus nombres nunca me acuerdo,
pues se confunden en mis recuerdos.

Solo florecen tres rosas rojas
entre las nubes de mi memoria.

ESE DIOS

Dónde se encuentra el Dios que tanto citas
si en tu actitud vital no te ilumina,
si la ética y moral que pontificas
en tu diario existir no las practicas.

¿Dónde estará ese Dios que tú imaginas?
¿Rendido ante tu fe mientras le humillas?
¿Tolera tu ambición y tu avaricia
o el domingo, a las dos, se queda en misa?

SONETO DEL RECUERDO

Recuerdo aquel alud de sombras blancas
cayendo en el umbral de mi consciencia,
el miedo, el estupor y esa presencia
latiendo a contraluz en mi mirada.

Recuerdo despertar de madrugada,
un túnel y, al final, su boca negra,
un hálito de voz que se me enreda
y el tacto sudoroso de la almohada.

Recuerdo estar de pie junto a la puerta
y acercarme, desnudo, a la ventana,
tentado de abrazarme a una certeza.

Recuerdo que después me di la vuelta,
que todo oscureció mientras gritaba
huyendo de una sombra en mi cabeza.

RAYO SIN TRUENO

Un rayo te alcanzó sin lastimarte
mostrando su poder sobre la niebla.
¿Querría iluminar una conciencia
o ser el portavoz de algún mensaje?

Si Dios no fuera juez y sí un amigo,
su llama te guio sin consumirte.
¿Te dio oportunidad de redimirte
mostrándote, tal vez, otro camino?

Sobrevivir al rayo y al desastre
que amenazó tu hogar y tu existencia
¿fue puro azar, fortuna o fue milagro?

Morir y revivir al mismo instante
supone un renacer, una vivencia,
la firme voluntad de no olvidarlo.

ALMANAQUE

Pasado ya el otoño
se ha quedado sin hojas,
escuálido, famélico
y con aspecto mustio
como aquellos que apuran
esos últimos días
deslucidos de negro
y frío luctuoso
y, quizás, tres o cuatro
con color rojo intenso
de festejo festivo.

No parece inmutarse
al transcurrir del tiempo
y se le caen los días
según van claudicando
mientras, en mi torpeza,
voy tachándolos todos
con una gruesa aspa
sintiendo que, a su modo
y, más pronto que tarde,
caerá su última hoja
hasta verlo agotado,
exánime, vacío,
inerte y olvidado.

Hoy, en memoria suya,
quiero oficiar, públicamente,
un cálido responso.
«Siempre fue un almanaque
sencillo y entrañable,
conciso e indolente,
de esos que, a inicio de año,
se marcan objetivos,
tal vez una docena,
para luego incumplirlos
uno detrás de otro,
pues le duran, apenas,
cuatro semanas, poco más.
Vino con doce sueños.
Se marchitaron todos:
sus buenas intenciones
y sus firmes propósitos
todos quedaron rotos
en manos del destino».

«Hoy te has ido en silencio,
amigo calendario,
como se van los años,
sin ruido, sin protestas,
pero dejando un hueco
en la vida de todos
y un olvido incorpóreo
cargado de recuerdos».

GOTA DE TRISTEZA

Llueve una gota mínima
con su tristeza líquida
y humedece mi espíritu
en su frescura tímida.
Ebrios mis ojos lánguidos
de su voz melancólica
derraman esta lágrima
que se desliza trémula,
en mi mejilla lívida,
solitaria y prófuga.

FRUTOS DE OTOÑO

Me incliné a recoger frutos de otoño
sobre un cáliz frutal de labios rojos,
un cálido rubor prendió en su rostro,
efluvios de la luz sobre sus ojos.

Y NO HUBO TIEMPO YA

Se enredaron mis pasos
entre las hojas secas
de polvorientos años
y, así, trastabillando,
se me agostó el otoño
con un regusto amargo.

El invierno, a su modo,
con especial crudeza,
clavó su garra fría
sobre mi pecho incauto.

Y no hubo tiempo ya
para el dolor o el llanto.

TU NOMBRE

Indagué en mi interior
queriendo hallar tu nombre
y te escuché llegar
con tus pasos de espuma.
Sin saber,
sin imaginar,
que mar y agua eras.

UN VERSO NUEVO

Un verso nuevo añado
a este poema extraño
que acompaña mi vida
como una letanía.
Un día más que se avecina,
monocorde y aciago,
un eslabón, otra cadena,
otra muesca imprecisa
de dolor y de ausencia,
una lágrima más;
toda la angustia
en un único verso.

DESAFIAR LA OSCURIDAD

Desafiar la oscuridad
y su espeso silencio
mirándola a los ojos,
sin temor, fijamente,
cuando llega de noche
silente y a hurtadillas
a intentar sorprendernos
y nos encharca el alma
de soledad profunda;
sin la luz por testigo,
frente a frente,
sin pánico y con calma
hasta advertir en ella
aquello que tú eres.

BONSAIPOEMA

De una semilla frágil
germinan mis poemas:
de una palabra oída,
de un sentimiento, acaso,
de una mirada atenta
o de un recuerdo vago.

Y brotan expectantes
con sus tímidas hojas.
Se van desarrollando
adoptando una forma,
un ritmo, una cadencia,
una rima asonante…

A veces es preciso
pinzar alguna yema,
podarle ciertas ramas,
direccionar sus ansias,
formatear raíces
o retocar conceptos.

El propósito es claro:
reflejar la belleza,
la armonía, la fuerza,
la pasión y su esencia.

CAJÓN DE SASTRE

En mi telar de oficio
soy un modesto sastre
que, al enhebrar sus versos
sobre un patrón concreto
o en un poema libre,
diseña sus estrofas
tejiendo entre suspiros
sonetos, pareados,
cuartetos, redondillas,
un traje hecho a medida
con hilván y bastilla
de corte endecasílabo,
con cinturón de rimas
y acento pronunciado.

A veces se me escapa
la puntada sin hilo,
una costura en falso,
un corte sobrehilado,
se aprecia un descosido
o un ligero desgarro,
se deshilacha el texto…,
errores muy dispares
que luego se amontonan
en mi cajón de sastre.

ERA UN CRISTIANO

Era un cristiano célebre
de ilustres apellidos
y de recio abolengo,
de misa de las doce,
domingos y festivos
y mísera limosna
al salir de la iglesia,
de los que, ya en la calle,
aparcan en la esquina
su fervor religioso.

Era un cristiano impenitente
de principios sin fin,
de ética inflexible
y moral puritana,
de firmes convicciones
y sólidos preceptos,
de los que no practican
lo que exigen a todos,
de lujuria y deseo
en su torva mirada.

Era un cristiano bíblico,
de hipérbole y parábola,
de epístola y encíclica,
de versículos cortos

y vocación de santo,
ceremonioso e ímprobo,
un pretencioso apóstol
de ínfulas escénicas,
de los que ejercen solo
a tiempo parcial
y a conveniencia,
un impostor falsario,
un fariseo hipócrita
de los que lanzan piedras
pero esconden la mano.

Era un cristiano estólido
con su fe inquebrantable,
de corbata y camisa,
de rosario y codicia,
con su inmoral conducta
y pérfida avaricia.

LA OLA DE LA VIDA

La vida es una ola,
impetuosa y frágil,
que desborda, extasiada,
la cavidad
del alma.

APÁTRIDA

Cuando escucho nombrar
la Patria a gritos
y detrás un fragor
que vocifera…
Cuando veo agitar
tantas banderas,
que impelen a matar,
morir por ellas…
Cuando se oye ladrar
con tanta rabia
a las sombras del mal
con voz humana…

Me detengo a pensar:
¿qué sentido, qué idea
se esconde en esa patria
que enarbola estandartes
de odio y de miseria
y enemista a los hombres
con sus propios hermanos?
¿Dónde están sus raíces?
¿Qué sentimiento impone
nacer en esta tierra
o allende la frontera?

¿Qué lealtad sin nombre
te exhorta a despreciar
el sentimiento ajeno?

Cuando a mi mente
afloran los recuerdos
de niñez olvidados,
las verdes arboledas,
el olor a heno seco
o a la hierba mojada,
esa sonrisa amable,
el hogar encendido
en las oscuras noches
al calor y al abrigo
de lazos familiares…

Ahí se fundamenta
mi concepto de patria:
en el local terruño,
en sus bellas montañas,
en el trabajo honesto,
en el gesto altruista
de unas manos amigas
que te ofrecen consuelo,
en las voces que te hablan
en las noches más frías
y en las sábanas blancas
que, a modo de una enseña
de paz y de concordia,
te arropan en tus sueños.

Apátrida confeso;
me declaro un iluso.

¡Cuídate, Patria mía,
de tanto salvapatrias
que te buscan la ruina
en beneficio suyo!

REBELDES SIN CAUSA

A los jóvenes
la rebeldía
les debiera venir
incluida de serie
en su equipamiento
aunque luego,
con los años,
se acaben acomodando
y claudiquen
o, tal vez, se olviden
de todos sus propósitos
e ideales juveniles.

CADUCIFOLIO

Árbol caducifolio
que en el invierno exhibes
esqueléticas ramas,
hoy, con la primavera
revives en tus hojas
tu juventud lejana.

LO QUE EL TIEMPO SE LLEVÓ

¿Dónde están las hojas secas
que el otoño abandonó,
dónde habitan los recuerdos
que no encuentro en mi interior,
dónde pierdo la mirada
o extravío el corazón?

¿Dónde están los besos suyos
que el invierno arrebató,
dónde están los sueños míos
que la vida destrozó,
dónde huyeron mis palabras
si el silencio las borró?

¿Cómo expreso mi desdicha
si mi voz enmudeció,
o esa ausencia pasajera
que me abruma de dolor,
cómo hallar esa persona
que se esconde en mi interior
o escribir en estos versos
lo que el tiempo se llevó?

A ESCENA

La mayoría de nosotros
pasamos por la vida
sin pena ni gloria.

Cuando nacemos
nos dan un empujoncito,
un azote en las nalgas
para salir a escena;
pero, una vez allí,
titubeamos indecisos,
quizás abrumados
por los focos, las luces
o el público presente
y sin saber muy bien
qué papel interpretar,
si un drama o una comedia.

Y acabamos, confusos,
por salir avergonzados
por la puerta de atrás
del mundano escenario,
cabizbajos y vencidos.

FRENTE A FRENTE

Si miras a la Muerte
frente a frente, a los ojos,
observarás que infunde
un profundo respeto,
cierto temor y espanto,
un pánico escénico
y un *shock* irracional
de terror compulsivo.

Mas sabes con certeza
que, en ciertas ocasiones,
a solas te acompaña
como una vieja amiga
y, aunque parezca extraño
o puro despropósito,
te hace sentir el goce
de disfrutar la vida.

Q. E. P. D.

Me han vencido los años
con una losa encima
aquí donde el silencio
ejerce su dominio,
donde el tedio se inmola
vacío de palabras
y el mudo vecindario
reposa en su morada.

¡Atrás quedó la gloria
del esplendor vivido!
A la alargada sombra
de algún ciprés altivo,
inhumados mis restos
en polvos y en cenizas,
se me eterniza el tiempo
con lenta decadencia.

«Que en paz descanse» reza
mi estela funeraria,
pero, si alguna noche,
la muerte se acercara
a compartir conmigo
las largas madrugadas,
quisiera, en sus narices,
reírme a carcajadas.

LO QUE SOMOS

No demos importancia
a lo que creíamos pensar,
sino a lo que pensamos;
a lo que pensábamos decir,
sino a lo que decimos;
a lo que decíamos querer,
sino a lo que queremos;
a lo que queríamos entender,
sino a lo que entendemos;
a lo que entendíamos desear,
sino a lo que deseamos;
a lo que deseábamos hacer,
sino a lo que hacemos;
a lo que pretendemos ser,
sino a lo que somos.

ACALLAR CONCIENCIAS

Algunos, al vivir,
acallan su conciencia
con míseras limosnas
y ciega hipocresía.

Otros no la quieren oír,
la silencian a gritos.

Unos pocos, muy pocos,
intentan, con su voz,
combatir los abusos
y reclamar justicia.

Y demasiados, cómo no,
la ignoran, la desprecian,
incluso, probablemente,
ni siquiera la tengan.

HERENCIAS

De mi padre y mi madre
heredé una fortuna:
la vida en usufructo
y un pedazo de luna,
un amor sin resquicios,
un poco de cordura.

Y algunos rasgos físicos:
la nariz aguileña,
unos ojos oscuros,
el pelo ensortijado,
un lunar en el brazo
y una hernia de hiato.

De mis pobres abuelos:
un terreno en el pueblo,
un cerezo, manzanos
y unos pocos recuerdos.

De mis otros ancestros:
ni un apellido ilustre,
ni un pasado siniestro.
Tan solo incertidumbre.

Como no tengo hacienda
y un patrimonio exiguo,
a mis hijos y nietos
les lego la alegría,
un manojo de ensueños
y alguna poesía.

POLIFONÍA

La polifonía del alma es un murmullo,
una escala polícroma de sentimientos varios,
un verso de dicción prolongada,
una cacofonía plural invertebrada,
la reverberación del silencio entre las ramas,
un orfeón de voces simultáneas,
un resplandor de luz en la distancia,
una sombra fugaz difuminada,
la resonancia cósmica de una estrella lejana,
una escala musical desafinada,
un tremolar de lluvia y hojarasca,
el eco de una voz cuando se calla.

EN LA PERIFERIA

Sobre la periferia
de una vida en declive,
orillando las sombras
al borde del camino;
tras la zona boscosa,
cubierta de espesura,
hay un camino incierto
que parece, sin duda,
alejarse en nosotros
y de nosotros mismos.

Con la mente dispersa,
sin control ni mesura
devanamos recuerdos
en lenta letanía
como en un ejercicio
de memoria obsoleta
y luz retrospectiva
que nos sume en la estela
de tiempos revividos
y desmadeja el hilo
de la propia memoria.

Un adiós imprevisto
burbujea silencios
con voces demudadas
por su mirada triste
y un último crepúsculo
apaga sus pupilas
hasta anegar la noche
más oscura del alma.

EL LIBRO DE LA VIDA

El libro de la vida
lo entreabrimos despacio,
con un silencio en blanco
de páginas vacías
sin más significado.

Garabateas trazos,
notas a pie de página;
transcribes pensamientos,
ilusiones, deseos,
relatos, veleidades…
hasta acabar la historia
con un silencio fúnebre
de hojas amarillentas
o un epitafio en verso
mientras crece la hierba
sobre tus restos óseos.

SERES DE LUZ

Somos seres de luz,
estrellas rutilantes,
ángeles luminosos,
curiosamente opacos.

Y, sin embargo,
solo se nos conoce
por la alargada sombra
que siempre proyectamos.

AVES DE MAL AGÜERO

Un ave de mal agüero
se ha posado en mi ventana
y me angustio ante el temor
de que el infortunio atraiga.

Ni quiero oír sus lamentos
ni sus graznidos de alarma,
mas fracasan mis intentos
de conseguir ahuyentarla.

Por eso, tras un momento
de reflexionar con calma,
no me quedó otro remedio
que bajarle la persiana.

UNI-VERSO

Si en un único verso
se expande el Uni-verso,
si una sola palabra
describe mil historias,
si una lágrima expresa
amor, dolor, tristeza,
si una sonrisa cándida
nos ilumina el alma…,
¡qué no dirán dos ojos
y una simple mirada!

SOLEDAD

La soledad es un sentimiento de distancia
que parece alejarnos del mundo y de la vida,
una inmersión introspectiva en una noche oscura,
un retorno al silencio y al olvido.

La soledad es un punto de encuentro y de regreso,
un soliloquio con nosotros mismos
que nos acerca a conocernos como somos
o nos aleja del tiempo en que vivimos.

La soledad es una expresión vital de desamparo,
un desencuentro total de los sentidos,
una amalgama de aguas turbulentas
que desborda el caudal de nuestros ríos.

La soledad es un trozo de vida hecha jirones
que nos sorprende en medio del abismo,
una batalla silenciosa, imaginaria,
que no admite vencedores ni vencidos.

ÁNGELES ROTOS

Se han quebrado las alas
de estos ángeles rotos
y aquellos privilegios
que mostraban la esencia
de su estirpe divina.
Han quedado hecho añicos:
su vítrea transparencia,
su levedad etérea
y el eco beatífico
de su infantil sonrisa.

La infancia apresurada
envició la inocencia
de sus rostros humanos;
se les quebró el silencio
y una pena imborrable
les ha dejado huella.

La luz crepuscular
de su origen divino
hace arder en sus ojos
una última lágrima
de rabia y de tristeza.

SIENTO

Siento un rumor fugaz de olas que se alejan,
el flujo atemporal bajo una lluvia lenta,
la vida como un *flash* que late y reverbera.
Siento un fragor sutil de sombras que se acercan,
un hálito de voz, la oscuridad más negra.

VERSIÓN 2.0

Cuando nos conocimos,
todo eran parabienes,
satisfacción y júbilo,
entusiasmo y deleite.

El tiempo, la distancia,
la monotonía, el tedio
fueron erosionando
la ilusión compartida
y los sueños que juntos
forjamos día a día.

Reconozco mi culpa,
los yerros, los descuidos.
El amor cotidiano
se debe cultivar
con especial esmero;
regarlo con caricias
y abonarlo en sonrisas
cada nueva mañana.

En un firme ejercicio
de reflexión profunda,
he decidido, ahora,
corregir mis errores.

Por eso te propongo
reiniciar nuestra vida
desde este mismo instante.

A ti, que me conoces,
te invito a descubrirme
en mi nueva versión 2.0.

TRI-VERSO

La poesía es un lugar de encuentro
al que acudimos con el anhelo y ánimo
de abrigar soledades y desnudar el alma.

ESCRIBE PARA TI

Si hay un latido en ti
que vive sin vivir
e intenta transmitir
el eco de tu voz
y en su flujo interior
insiste en expresar
tu forma de sentir…

No lo calles jamás,
lo debes compartir
y, en caso de dudar,
escribe para ti.

MIS PADRES ME LO ADVERTÍAN

Al escoger facultad,
mis padres me lo advertían:
—No elijas letras, chaval,
que trabajo no tendrás
si cursas Filosofía.
Pero no pudo ignorar
mi entusiasmo juvenil,
esa luz que me atraía
y me empeñé en estudiar
gramática y poesía.

Y he de darles la razón:
desde que me gradué,
mi esfuerzo como escritor
convivió con el fracaso;
pocos quisieron comprar
los poemas que escribí;
la poesía, en mi voz,
no rentaba sus encantos
y muchos días pasé
malviviendo entre sus brazos.

LA BELLEZA DE LO EFÍMERO

La belleza de lo efímero
se concentra en un suspiro
y en un suspiro se extingue.

LLUVIA FINA

Cuando la lluvia fina
de algún otoño triste
te nubla la mirada
no encuentro yo palabras
que, sin temor a herirte,
despierten tu sonrisa.

POEMA PARA MI SOMBRA

A veces sigo a mi sombra,
a veces viene detrás
o bien camina a mi lado
sin dejarse acomplejar,
firme y leal compañera
que alivia mi soledad.

Que no es sombra pasajera
nunca lo pude dudar;
desde mi infancia más tierna
me ha sabido acompañar
en los gozos y tristezas
de mi terco caminar.

En las noches que hace frío
y duele la oscuridad
se acurruca a mi costado
y me intenta consolar
con su callado silencio
y su cálida amistad.

Se puede ver alargada
o ni siquiera se ve
su silueta entrecortada,
achatada o del revés,
pero en mis pasos avanza
siempre cosida a mis pies.

Al llegar la madrugada
me pregunto yo al partir:
tal vez desee quedarse
y no me quiera seguir,
pero ¿a quién ha de arrimarse
si me tiene solo a mí?

Cuando me alcance la muerte,
a mi sombra he de legar
algunos poemas breves
y un sueño de libertad.

A veces sigo a mi sombra,
a veces viene detrás.[1]

---

[1] En cursiva, versos de la canción *Vidala para mi sombra*
escrita y compuesta por Julio Santos Espinosa.

OCURRENTE

A veces, mi mente me sorprende
con alguna palabra extravagante,
insólita, inusual, incoherente
que dudaba conocer siquiera:
reluctancia, *palíndromo*, *renuencia*
u otras palabrejas cualesquiera.

A veces, mi mente me convence
de ser desinhibido en mi simpleza,
de no mortificarme con tristezas
y disfrutar sin tanta sutileza.

A veces, mi mente disiente y se rebela,
o discute conmigo, pendenciera,
no acepta mis disculpas, titubea,
discrepa disconforme a mis ideas.

A veces, mi mente merodea
mis recuerdos, mis sueños o mis penas,
se vuelve irracional y parpadea,
se torna lenguaraz, dicharachera…

A veces, mi mente es ocurrente,
divaga en su discurso recurrente
y enreda su pasado y mi presente.

VERSOS CORRIENTES

Estos versos corrientes
que corren desbocados
y serpentean ebrios,
recurrentes y ociosos,
beben sus fuentes pulcras
en las más altas cumbres
de mi confusa mente;
allá donde la nieve,
la soledad y el frío
comparten su silencio
con mi propia ignorancia.

Desde esa perspectiva
se precipitan raudos,
presurosos, inquietos,
en un caudal sonoro
de palabras etéreas
en loca algarabía.

Fluyen entre mis dudas
con sentimientos varios
e ignorados deseos,
vagas contradicciones,
reflexiones, miradas
y demás percepciones
que agitan mis sentidos

y estremecen mi alma
con su querencia lúdica.

Entre tanto desorden,
perplejo e indeciso,
me arrastra su corriente
por el cauce del tiempo
hasta osar atreverme
a decantar mis sueños
en los lívidos brazos
de una página en blanco.

Versos corrientes, quizá,
versos zafios y vulgares
que resuenan en mi ser
con la líquida textura
de sus voces singulares
y transcribo a este papel
con trazos irregulares.

Índice

Índice alfabético